# BEI GRIN MACHT SICH IHR WISSEN BEZAHLT

- Wir veröffentlichen Ihre Hausarbeit, Bachelor- und Masterarbeit

- Ihr eigenes eBook und Buch - weltweit in allen wichtigen Shops

- Verdienen Sie an jedem Verkauf

**Jetzt bei www.GRIN.com hochladen und kostenlos publizieren**

**Bibliografische Information der Deutschen Nationalbibliothek:**

Die Deutsche Bibliothek verzeichnet diese Publikation in der Deutschen Nationalbibliografie; detaillierte bibliografische Daten sind im Internet über http://dnb.d-nb.de/ abrufbar.

Dieses Werk sowie alle darin enthaltenen einzelnen Beiträge und Abbildungen sind urheberrechtlich geschützt. Jede Verwertung, die nicht ausdrücklich vom Urheberrechtsschutz zugelassen ist, bedarf der vorherigen Zustimmung des Verlages. Das gilt insbesondere für Vervielfältigungen, Bearbeitungen, Übersetzungen, Mikroverfilmungen, Auswertungen durch Datenbanken und für die Einspeicherung und Verarbeitung in elektronische Systeme. Alle Rechte, auch die des auszugsweisen Nachdrucks, der fotomechanischen Wiedergabe (einschließlich Mikrokopie) sowie der Auswertung durch Datenbanken oder ähnliche Einrichtungen, vorbehalten.

**Impressum:**

Copyright © 2017 GRIN Verlag
Druck und Bindung: Books on Demand GmbH, Norderstedt Germany
ISBN: 9783668685789

**Dieses Buch bei GRIN:**

https://www.grin.com/document/420518

Kevin Kiy

**Wirtschaftlicher Werdegang des irischen Whiskeys anhand sozialhistorischer Aspekte**

GRIN Verlag

**GRIN - Your knowledge has value**

Der GRIN Verlag publiziert seit 1998 wissenschaftliche Arbeiten von Studenten, Hochschullehrern und anderen Akademikern als eBook und gedrucktes Buch. Die Verlagswebsite www.grin.com ist die ideale Plattform zur Veröffentlichung von Hausarbeiten, Abschlussarbeiten, wissenschaftlichen Aufsätzen, Dissertationen und Fachbüchern.

**Besuchen Sie uns im Internet:**

http://www.grin.com/

http://www.facebook.com/grincom

http://www.twitter.com/grin_com

Ruhr-Universität Bochum
Optionalbereich

*„Wirtschaftlicher Werdegang des irischen Whiskeys anhand sozialhistorischer Aspekte"*

Essay zum Seminar:
Irland: Kultur I
Sommersemester 2017

von
Kevin Dirk Kiy

# Inhaltsverzeichnis

I    Einleitung        S.1

II    Herkunft und Ära der Schwarzbrenner        S.2

III „Whiskeyboom" und Niedergang der irischen Whiskeyindustrie        S.3-4

IV    Rückkehr des „Irish Whiskey" und dessen gegenwärtiger Zustand        S.4-6

V    Fazit        S.7


     Literaturverzeichnis        S.8

# I Einleitung

Es wäre nicht falsch zu behaupten, dass die meisten Personen, wenn sie an Irland denken, damit die Vorstellung des Whiskeys assoziieren. Marken wie Jameson, Tullamore und Powers sind auch heute noch auf dem Markt aufzufinden und verkaufen sich gut. Das „Wasser des Lebens", übersetzt aus dem gälischen „uisce beatha", welches dann später zum Whiskey wurde, ist aus der irischen Kultur nicht mehr wegzudenken.[1]

*Doch wie kam es dazu, dass ein Getränk, das für seine Exklusivität und seinen recht hohen Preis bekannt ist, sein Zuhause erfolgreich in einem Land fand, welches während seiner gesamten Geschichte mit Armut zu kämpfen hatte?*

Um diese Frage zu beantworten, beschäftigt sich der folgende Essay mit den sozialhistorischen und wirtschaftlichen Aspekten, die die Entwicklung des Whiskeys in Irland maßgebend beeinflussten und prägten. So werden in dieser Arbeit die Anfänge und die Etablierung des Whiskeys im eigenem Land, der Aufstieg zum Weltmarktführer der Whiskybranche und der Niedergang der irischen Whiskeyproduktion, sowie die gegenwärtigen Versuche irischem Whiskey wieder zu alter Größe zu verhelfen, thematisiert. Dazu wird zunächst die Herkunft des Whiskeys geklärt, bei der die Kirche keine unwichtige Rolle einnahm. In dem Zusammenhang wird auch der Einfluss der Kirche auf die damalige irische Bevölkerung behandelt. Darauf folgen erste Schritte der irischen Regierung, um auf die Gesundheitsrisiken durch den übermäßigen Konsum von Alkohol hinzuweisen und diesen auch durch Alkoholsteuern zu erschweren, woraufhin die Ära der Schwarzbrenner begann, welche schlussendlich zum Whiskeyboom führte.[2]

Dieser sorgte für wirtschaftliche Stabilität der Iren, weshalb das „Lebenswasser" auch national an Wert gewann. Der spätere Zusammenbruch der irischen Whiskeyproduktion hatte mehrere Gründe, welche ebenfalls mit dem Einfluss der Kirche auf die Iren zusammenhängten. Die meisten Brennereien mussten schließen und der irische Whiskey verschwand fast komplett vom internationalen Markt, jedoch wurde das Aussterben des irischen Whiskeys verhindert und nun ist der „Irish Whiskey" wieder auf dem Vormarsch bei dem Versuch, seine alte Stellung als Weltmarktführer wieder einzunehmen.

---

[1] Hoffmann, Marc A.: Whisky aus der ganzen Welt. Parragon Books Ltd. Bath. 2007 S.184
[2] Hoffmann, Marc A.: Whisky aus der ganzen Welt. Parragon Books Ltd. Bath. 2007. S.186

## II Herkunft und Ära der Schwarzbrenner

Irischen Whiskey haben wir der Kirche zu verdanken, da irische Mönche im 5. Jahrhundert das Geheimnis der Destillation von ihren Missionsreisen mitbrachten.[3] Der Legende nach war, laut den Iren, der Nationalheilige St. Patrick derjenige, der den Whiskey erfand, obgleich zu seinen Lebzeiten noch nicht bekannt war, wie man durch Destillation ein alkoholisches Getränk herstellen konnte. Trotzdem sorgten die Legende und die Herkunftsgeschichte mit Verknüpfung zur Kirche dafür, dass das hochprozentige Getränk an Popularität unter den frommen Iren gewann.[4] Diese Popularität hatte jedoch auch ihre Schattenseiten, da sie dazu führte, dass der Alkoholkonsum im Irland zum generellen Problem wurde. Deshalb wies die Regierung 1556 und nochmals 1620 auf die Gesundheitsgefahren bei übermäßigem Konsum von Alkohol hin, ähnlich wie es heute bei beispielsweise Zigaretten üblich ist.[5]
Trotz dessen verfielen viele Leute in Abhängigkeit, weswegen 1643 eine hohe Whiskeysteuer eingeführt wurde, an die sich jedoch niemand hielt, bis 1661 ein Produzierverbot ausgesprochen wurde[6]. Die Herstellung von Whiskey war nun nur noch mit einer Lizenz legal, welche durch bezahlen der Steuern erworben werden konnte. Dies machte Irland zu einer Nation von Schwarzbrennern. Whiskey wurde nun hauptsächlich illegal gebrannt, wodurch es auch für das „gemeine Volk" möglich war, sich das sonst kostbare und teure Getränk zu leisten. Dadurch entstanden zwei verschiedene Arten des Irish Whiskeys, der lizensierte und versteuerte „Parlamentswhiskey", der aufgrund der hohen Steuern meist teuer ins Ausland verkauft wurde und der illegal gebrannte „Poitín". Das Wort Poitín ist eine Kombination aus den beiden gälischen Wörtern „potal" (small pot) und „póit" (Hangover) und wurde liebevoll vom Volk als Bezeichnung für ihren landeseigenen Whiskey erwählt. Diese Bezeichnung wurde auch teilweise auf den späteren „Pure Pot Still" übertragen, wessen Herstellungsweise auch auf die Restriktionen der Schwarzbrenner zurückzuführen ist, da diese beim „Poitín" erstmals gemälzte und ungemälzte Gerste mischten, da sie nicht über die gleichen technischen und finanziellen Mittel verfügten, wie die Hersteller des Parlamentswhiskeys.[7] Ironischerweise, gewann ausgerechnet der aus dem Volk stammende, schwarzgebrannte „Poitín", wegen seines einzigartigen und unverwechselbaren Geschmacks, international an Aufmerksamkeit. Der Whiskeyexport wurde zum lukrativen Geschäft für die irische Wirtschaft, auf das besonders das irische Volk sehr stolz war. Deswegen ebnete man, 150 Jahre nach dem Produzierverbot, in den Jahren 1822 und 1823 durch das Verabschieden von neuen Gesetzen, den Weg für die legale Whiskeyproduktion. Die dafür benötigten Lizenzen waren nun auch für erfolgreiche Schwarzbrenner erschwinglich, wodurch die Ära der Schwarzbrenner direkt zum irischen Whiskeyboom führte. Vereinzelte Lizenzen wurden jedoch auch schon vorher erworben, so wie beispielsweise 1608 eine Lizenz für das Brennen von Whiskey, durch König Jakobus I. von England, an Sir Thomas Phillips, den Gründer der Bushmils - Destillerie, erteilt worden war, obwohl die eigentliche Brennerei erst 1784 entstand.[8]

---

[3] Irish-net.de/Die-irische-Kueche-Essen-Trinken/irish-Whiskey, 10.08. 2017 um 23:08 Uhr
[4] Hoffmann, Marc A.: Whisky aus der ganzen Welt. Parragon Books Ltd. Bath. 2007 S.186
[5] ebd.
[6] Irish-net.de/Die-irische-Kueche-Essen-Trinken/irish-Whiskey, 10.08. 2017 um 23:08 Uhr
[7] Hoffmann, Marc A.: Whisky aus der ganzen Welt. Parragon Books Ltd. Bath. 2007 S.186-187
[8] Hoffmann, Marc A.: Whisky aus der ganzen Welt. Parragon Books Ltd. Bath. 2007 S.186

# III „Whiskeyboom" und Niedergang der irischen Whiskeyindustrie

Der irische Pure Pot Still, der vergleichsweise leicht aber trotzdem unverkennbar im Geschmack, durch Zugabe der ungemälzten Gerste, ist, kam gut auf dem Markt an. In den Hauptexportländern England und den USA verkaufte sich der irische Whiskey sogar inzwischen besser als der, vorher beinahe schon monopolisierende, schottische Whisky. Große irische Firmen wie *Jameson*, *John Power* und *George Roe* gelangten so an großen Reichtum und schlossen sich 1879 zusammen um gemeinsam das Buch „Truths about Whiskey" herauszubringen.[9] In diesem Buch führten die irischen Whiskeyhersteller auch die Schreibweise mit „e" universell für irischen Whiskey ein, um ihr Produkt auf internationalem Markt von der Konkurrenz aus Schottland zu differenzieren.[10]

Das Produkt „Irish Whiskey" wurde zum wirtschaftlichen Stolz einer ganzen Nation. Doch während kapitalkräftige Brenner eine Lizenz erwarben und versuchten sich mit ihrem qualitativ hochwertigen Whiskey einen Namen auf dem internationalen Markt zu machen, rief der Whiskeyboom auch viele Schwarzbrenner auf den Plan, die mit ihrer schlechten Ware den Ruf des „Irish Whiskey" gefährdeten.[11]

Der zunehmende Stolz und die wachsende Zahl der Schwarzbrenner waren erste Anzeichen für den Niedergang der Whiskeyproduktion in Irland. Für den Zusammenbruch der Whiskeyindustrie gab es mehrere Gründe, doch allen voran war ausgerechnet die Kirche, deren Rolle bei der Herkunft des Whiskeys ausschlaggebend für dessen zunächst positiven Werdegang war, für das Ende des Whiskeybooms verantwortlich, da während der Temperenzbewegung, die vor allem Father Matthew predigte[12], Alkohol als Teufelszeug gebrandmarkt und vollkommene Abstinenz der Iren verlangt wurde. Dies stieß bei den strenggläubigen Iren auf viele offene Ohren, so dass von 1838 bis 1844 die Anzahl der Pubs von 21000 auf 13000 sank.[13] Zu der Abstinenzbewegung kam noch die große Hungersnot in den 1840er-Jahren und die daraus resultierende Getreideknappheit hinzu, was das Ende für die ländlichen Brennereien bedeutete. Somit brach der nationale Markt der irischen Whiskeyindustrie komplett zusammen.[14]

Auch auf internationaler Ebene mussten die Iren einige Rückschläge erleiden. Obwohl sie zunächst noch Weltmarktführer waren, nahmen die heimischen Whiskeyproduzenten nicht die Chance wahr, das neue Destillationsverfahren ihres Landsmanns Coffey anzuwenden, da sie sich zu sehr auf ihr Produkt, den Pure Pot Still und dessen Erfolg, verließen. Aenas Coffey erfand im Jahr 1830 das „Patent-Still-Verfahren", die bedeutendste technische Errungenschaft in der Whiskygeschichte.[15] Nachdem der Dubliner in seinem Heimatland keinen Anklang für seine Innovationen fand, ging er nach Schottland, wo mithilfe seiner kontinuierlichen Destillation die Herstellung des Grain Whiskys, Whisky auf Maisbasis, möglich wurde. Mithilfe von diesem eroberten schottische Blends in Windeseile den Weltmarkt, da diese sowohl billiger als die irischen Pure Pot Stills, als auch von gleicher Qualität wie diese waren.

---

[9] Hoffmann, Marc A.: Whisky aus der ganzen Welt. Parragon Books Ltd. Bath. 2007 S.187
[10] https://www.masterofmalt.com/blog/post/irish-whiskey-everything-you-need-to-know-part-1.aspx, 10.08.2017 um 22:44 Uhr
[11] ebd.
[12] Irish-net.de/Die-irische-Kueche-Essen-Trinken/irish-Whiskey, 10.08. 2017 um 23:08 Uhr
[13] Hoffmann, Marc A.: Whisky aus der ganzen Welt. Parragon Books Ltd. Bath. 2007 S.187
[14] http://www.angelfire.com/bc/barbara/irland.html, 08.08.2017 um 12:14
[15] Hartel, Klaus Dieter: Das Taschenbuch vom Whisky. München. 1972 S. 70-72

Erst viel zu spät zogen die Iren mit ihren irischen Blends nach, welche dann auf dem Markt nur noch als Kopie des schottischen Produkts wahrgenommen wurden.[16] Der nächste Einbruch für die Wirtschaft der irischen Whiskeyproduktion hatte seinen Ursprung abermals in einer Abstinenzbewegung, der amerikanischen Prohibition. Ab 1920 galt in den USA beinahe 14 Jahre lang ein Alkoholverbot, das weder Verzehr noch Verkauf gestattete. Dies schadete sowohl den amerikanischen als auch den irischen Whiskeyherstellern.[17] Während sowohl schottische als auch insbesondere kanadische Whiskys nach Amerika geschmuggelt wurden, waren die Iren zu gottesgläubig um zu schmuggeln, weswegen der „Irish Whiskey" komplett vom amerikanischen Markt verschwand. Dies wirkte sich auf die Whiskeyindustrie der Iren sogar noch gravierender aus als die Temperenzbewegung im eigenem Land, da den Iren, mit den USA, ihr Hauptexportland verloren ging, sodass auch das internationale Whiskeygeschäft in Irland beinahe komplett zusammenbrach.[18]

Die meisten Amerikaner wussten jedoch gar nichts von dem Ausbleiben des irischen Whiskeys, da viele Schwarzbrenner ihren Whiskey als „Irish Whiskey" verkauften, um ein größeres Spektrum an Kundschaft zu generieren, womit sie aber dem Ruf des irischen Whiskeys, aufgrund geringer Qualität, langfristig schadeten.[19]

Der bereits beinahe ausgestorbenen Whiskeyindustrie in Irland wurde 1916 durch die englischen Besatzer der letzte Schlag versetzt, indem diese, nach dem Osteraufstand, ein Handelsembargo verhängten und infolgedessen wichtige Absatzmärkte wie Australien und Neuseeland von Irland abschnitt. Somit gingen auch die letzten kleineren Destillerien pleite, sodass sich die verbliebenen Betriebe, Cork Distillers, Power und Jameson, zu der IDG (Irish Distillers Group) zusammenschlossen, der die Destillerie Bushmills ebenfalls 1972 beitrat, womit alle übrig gebliebenen aktiven Whiskeyhersteller in Irland Teil der IDG waren. Somit existierte nur noch ein Bruchteil der einst weit auf der grünen Insel verteilten Destillerien, der frühere Weltmarktführer der Whiskyindustrie und der ganze wirtschaftliche Stolz einer Nation, reduziert auf eine kleine Gruppe von Destillerien, die verzweifelt versuchten, wieder wirtschaftlich Fuß zu fassen.[20]

## IV Rückkehr des „Irish Whiskey" und dessen gegenwärtiger Zustand

1987 übernahm das französische Unternehmen Pernod Ricard, welches auch Marken wie Ramazzotti oder Havana Club vermarktet, die IDG.[21] Obwohl die irischen Landsleute nicht davon begeistert waren, dass nun keine einzige Destillerie mehr in nationalem Besitz war, war die Übernahme der IDG durch Pernod Ricard das Beste, was der irischen Whiskeyindustrie hätte passieren können. Mithilfe der Vertriebsnetze, die Pernod Ricard international besaß, brachte man den „Irish Whiskey" wieder auf die Erfolgsspur zurück.[22] Man nutzte die große internationale Reichweite, um auf der ganzen Welt für das irische Lebenswasser zu werben, welches aufgrund seiner jahrzehntelangen Abwesenheit vom Markt als neues Produkt vermarktet werden konnte, hinter dem trotzdem eine lange Tradition steht.[23]

---

[16] Hoffmann, Marc A.: Whisky aus der ganzen Welt. Parragon Books Ltd. Bath. 2007 S.187
[17] Hoffmann, Marc A.: Whisky aus der ganzen Welt. Parragon Books Ltd. Bath. 2007 S.187
[18] Hoffmann, Marc A.: Whisky aus der ganzen Welt. Parragon Books Ltd. Bath. 2007 S.188
[19] ebd.
[20] ebd.
[21] Cantini, Patricia: Whiskey. Vom gälischen Lebenswasser, das die Welt eroberte. München. 1996 S.114
[22] Hoffmann, Marc A.: Whisky aus der ganzen Welt. Parragon Books Ltd. Bath. 2007 S.188
[23] https://www.masterofmalt.com/blog/post/irish-whiskey-everything-you-need-to-know-part-1.aspx, 10.08.2017 um 22:44 Uhr

Die Welt wurde wieder auf den „Irish Whiskey" aufmerksam und die Verkaufszahlen nahmen wieder alte Proportionen an, doch viele der stolzen Iren konnten nicht akzeptieren, dass keine der Destillerien ihres Getränks mehr in nationalem Besitz waren. So auch John Teeling, welcher sich auch schon zuvor dagegen Aussprach, die IDG in den Besitz des französischen Unternehmens fallen zu lassen. Teeling promovierte Anfang der 1970er Jahre in Havard und führte dabei Untersuchungen über die Whiskeybranche, mit besonderem Fokus auf die irische Whiskeyindustrie, und kam dabei zu dem Schluss, dass Irland zwar den besten Whiskey der Welt, aber auch das schlechteste Marketing der Welt besaß.[24]

1987 gründete Teeling die Cooley Destillerie, welche damit nach der Übernahme der IDG wieder die erste Destillerie in nationalem Besitz wurde und auch eine Konkurrenz für das bisherige Whiskeyindustriemonopol IDG, im Besitz von Pernod Ricard, bildete. Der Konkurrenzkampf wirkte sich positiv auf das Geschäft aus, schon nach 3 Jahren brachte die Cooley Destillerie ihre ersten Produkte mit Erfolg auf den internationalen Markt, sodass der Ruf des irischen Whiskeys international, zusätzlich zu den Bemühungen durch Werbung der IDG, wieder alte Höhen erreichte.[25]

Damit zeigte John Teeling der Welt und vor allen den anderen Iren, dass es wieder möglich ist, auch ohne einen großen Konzern im Rücken, mit der Whiskeyproduktion in Irland Profit zu machen. Dadurch wurde der Weg für das Öffnen neuer Destillerien geebnet, die den Markt rund um den „Irish Whiskey" noch vielfältiger und gesünder machen sollen. Innerhalb von 12 Jahren erhöhte sich der Whiskeyexport um ganze 400%[26], Tendenz steigend.

Und auch jetzt hat es noch nicht den Anschein, dass der, fast schon als zweiter Whiskeyboom zu bezeichnender, Aufwärtstrend der irischen Whiskeyindustrie bald ein Ende findet. Auch die irische Regierung reagierte, diesmal korrekt, auf die wirtschaftliche Chance die der Whiskey der grünen Insel ermöglicht und gründete die „Irish Whiskey Association", kurz IW, am 09.04.2014, um die positive Entwicklung der Wirtschaft und des Marktes rund um den irischen Whiskey zu kontrollieren und zu gewährleisten. Vor allem konzentriert sich die IW auf den Export des gälischen Lebenswassers. Sie wollen die Zahlen des Whiskeyexports bis 2020 verdoppelt haben und bis 2030 die Exportrate erneut verdoppeln. Dazu wollen sie innerhalb von 15 Jahren ca. 1 Billionen € in die Whiskeyindustrie in Irland investieren. Momentan verdienen 5000 Menschen in Irland direkt oder indirekt ihren Lebensunterhalt, bis zu 6500 sollen bis zu dem Jahr 2025 durch oder mit der Whiskeyproduktion beschäftigt sein. Unter anderem soll dies durch das Errichten von 15 neuen Destillerien in Irland geschehen.[27]

Erste Früchte scheint das Vorhaben bereits zu tragen, da beispielsweise der Wert der Whiskeyexporte in die USA von 2010 bis 2012 um 77% stieg. Somit ist Whiskey aus Irland inzwischen das beliebteste hochprozentige Getränk der Amerikaner.[28]

Aber nicht nur auf dem amerikanischen Markt kommt der Whiskey gut an, sondern auf der ganzen Welt ist das Getränk aus Irland begehrt, in über 70 verschiedenen Ländern wird der „Irish Whiskey" verkauft, womit der Whiskeyexport insgesamt 75% des Gesamtverkaufs des gälischen Getränks ausmacht.

---

[24] Hoffmann, Marc A.: Whisky aus der ganzen Welt. Parragon Books Ltd. Bath. 2007 S.190

[25] ebd.

[26] www.esquire.com/food-drink/drinks/a26643/irish-whiskey-0114/, 12.08.2017 um 13:01 Uhr

[27] Barry, Aoife: Whiskey's going to be bringing a lot of dosh to Ireland over the next 10 years. Thejournal.ie. auf: http://www.thejournal.ie/whiskey-sector-investment-ireland-1405946-Apr2014/, 15.08.2017, um 15:33 Uhr

[28] https://www.irishcentral.com/culture/food-drink/sales-of-irish-whiskey-in-north-america-up-175-percent, 15.08.2017 um 14:11 Uhr

Erst vor kurzem veröffentlichte die Irish Whiskey Association einen Artikel, in dem sie davon berichteten, dass pro Minute beinahe 200 Flaschen des „Irish Whiskey" verkauft werden. Die Nachfrage stieg im Vergleich zum Jahr davor abermals um 11.2%, womit der irische Whiskey die wirtschaftlich am schnellsten wachsende Spirituose der Welt ist, laut Studien der „International Wine and Spirits Research". Der irische Whiskey macht inzwischen einen Drittel der gesamten Exporteinnahmen Irlands aus, weswegen die Spirituose inzwischen zu einer der wichtigsten Säulen der irischen Wirtschaft wurde.[29] Daher sind die Bemühungen der IW bezüglich der Erweiterung und des Erhalts der Whiskeyindustrie in Irland gerechtfertigt und beweisbar wichtig.[30]

Zu den Zielen der IW gehört seit circa einem Jahr auch, Weltmarktführer in Sachen Whiskey-Tourismus zu werden, da sich aufgrund der langen Geschichte des Whiskeys in Irland, die von sowohl Höhen als auch Tiefen geprägt worden war, viel Raum für potentielle Einnahmemöglichkeiten bietet. Um dies zu erreichen, möchte die Irish Whiskey Association bis 2030 ein Netzwerk zwischen den verschiedenen Destillerien der grünen Insel aufbauen, mit dessen Hilfe Whiskey-Tourismus inklusive des Reisens durch das ganze Land ermöglicht werden soll. Dazu will die IW alle Destillerien, besonders die kleineren und neu-öffnenden, finanziell unterstützen und um diese herum Infrastrukturen errichten, bestehend aus Hotels, Restaurants und Pubs, sodass der internationale Erfolg auch die landesinterne Wirtschaft positiv beeinflussen kann.[31]

*„Was wir über die letzten Jahre hinweg erleben, ist eine Renaissance der (Whiskey)-Industrie."[32]*, so die Leiterin der IW, Miriam Mooney. Und tatsächlich ist es nicht falsch dies zu behaupten: Im Jahr 2013 gab es in Irland nur insgesamt 4 Destillerien, während nun insgesamt 16 aktiv in Produktion und der Aufbau 13 weiterer geplant sind.[33]

Der irische Whiskey hat sich von den vielen Rückschlägen, die er mit der Zeit erlitt, erholt und ist nun auf dem besten Weg, seine alte Position als Weltmarktführer der Whiskyindustrie wieder einzunehmen. Die Irish Whiskey Association übernimmt bei dem Unternehmen eine wichtige Rolle, da sie den Markt überprüft und sein kontrolliertes gesundes Wachstum somit sichert. Die irische Regierung, hat den wirtschaftlichen Wert des gälischen Getränks erkannt und es ist unwahrscheinlich, dass der Erfolg des „Irish Whiskey", mit seiner langen und schwierigen Geschichte, in naher Zukunft ein Ende findet.

---

[29] http://www.abfi.ie/Sectors/ABFI/ABFI.nsf/vPagesWhiskey/Media~Newsroom~almost-200-bottles-of-irish-whiskey-sold-every-minute-as-sales-around-the-world-skyrocket!OpenDocument, 14.08.2017, um 12:25 Uhr

[30] Barry, Aoife: Whiskey's going to be bringing a lot of dosh to Ireland over the next 10 years. Thejournal.ie. auf: http://www.thejournal.ie/whiskey-sector-investment-ireland-1405946-Apr2014/, 15.08.2017, um 15:33 Uhr

[31] http://www.abfi.ie/Sectors/ABFI/ABFI.nsf/vPagesWhiskey/Media~Newsroom~ireland-aims-to-become-the-world-leader-in-whiskey-tourism-by-2030!OpenDocument, 14.08.2017, um 12:25 Uhr

[32] ebd.: Zitat wörtlich übersetzt: "What we've witnessed over the past few years truly is a renaissance in the industry"

[33] http://www.abfi.ie/Sectors/ABFI/ABFI.nsf/vPagesWhiskey/Media~Newsroom~ireland-aims-to-become-the-world-leader-in-whiskey-tourism-by-2030!OpenDocument, 14.08.2017, um 12:25 Uhr

# V Fazit

So wie in vielen Romanzen war die Historie der grünen Insel und ihres „Lebenswassers" von Hoch - und Tiefpunkten geprägt. Trotz des kirchlichen Ursprungs, durch den dem irischen Whiskey der Weg ins Volk geebnet wurde, war es nicht leicht, das Getränk wirtschaftlich zu etablieren. Die Gesundheitsrisiken und die hohe Abhängigkeitsgefahr, auf die das einfache Volk nicht achtete, führten dazu, dass die Regierung die Herstellung und den Genuss des Whiskeys zunächst nicht förderte, sondern eher mit hohen Steuern zu unterbinden versuchte. Dies beendete jedoch nicht den Werdegang des Whiskeys, sondern führte lediglich dazu, dass Irland ein Land der Schwarzbrenner wurde. Diese entwickelten aufgrund ihrer eingeschränkten Möglichkeiten und Finanzen, eigene, neue Rezepte und Herstellungsweisen des Whiskeys. Der aus dem Volk stammende Poitín sollte später zum weltmarktdominierenden „Pure Pot Still" werden, welcher das Aushängeschild des Whiskeybooms war. Durch den wirtschaftlichen Erfolg, den der Whiskey Irland auf internationaler Ebene bescherte, wurden die Steuern gesenkt und das Brennen von Whiskey wurde von der Regierung unterstützt. Doch der „Whiskeyboom" hatte auch seine Schattenseiten, da das, schon zuvor immense Abhängigkeits- und Suchtproblem, das mit dem Whiskey einherging, neue Ausmaße erreichte, sodass ausgerechnet die von der Kirche ausgehende Temperenzbewegung, angeführt von Father Matthew, dazu führte, dass der Niedergang der Whiskeyindustrie in Irland seinen Lauf nahm. Diese musste auch viele weitere negative Einflüsse hinnehmen, wie beispielsweise die große Hungernot oder die amerikanische Prohibition. Nachdem die direkte Konkurrenz, Schottland, den Iren den Titel des Weltmarktführers abnahm, versank der „Irish Whiskey" auf internationalem Markt beinahe in Vergessenheit. Da beinahe alle Destillerien in Irland schließen mussten, schlossen sich die vier verbliebenen Brennereien, Cork Distillers, Power, Bushmills und Jameson, zu der IDG zusammen. Dieser Zusammenschluss machte den irischen Whiskeymarkt zum Monopol und somit attraktiv für große Investoren, sodass der französische internationale Spirituosenbetrieb Pernod Picard die IDG aufkaufte und damit den irischen Whiskey durch die globalen Vertriebsnetze wieder zurück auf den Markt brachte. Die Iren, die stolz auf ihr landeseigenes gälisches Lebenswasser waren und sind, ertrugen den Gedanken jedoch nicht, keine aktive Destillerie mehr in nationalem Besitz zu wissen, sodass der Ire John Teeling, seine eigene Brennerei eröffnete.[34] Die irische Regierung wurde erneut auf den Erfolg des „Irish Whiskey" aufmerksam, sodass die „Irish Whiskey Association" mit dem Ziel, das gesunde Wachstum und die Stabilität der irischen Whiskeyindustrie zu überwachen und zu lenken, gegründet wurde. Nun ist der irische Whiskey wieder auf dem Vormarsch und ist inzwischen die Spirituose, mit dem weltweit am schnellsten wachsenden Wert.
Der Pfad war nicht immer einfach, doch das hochprozentige Getränk fand schnell seinen Weg ins Herz der Iren. Ausgerechnet die Kirche, die Irland und Whiskey erst zusammenbrachte, war mit für den beinahe vollständigen Niedergang der irischen Whiskeyindustrie verantwortlich. Doch durch den Stolz der Iren auf das Getränk, mit Ursprung aus dem eigenem Land, war die Wiedergeburt der Whiskeyindustrie in Irland möglich.[35]
Heutzutage ist der „Irish Whiskey" die vielleicht wichtigste Exporteinnahmequelle der grünen Insel und ist damit nicht nur sozial, sondern auch wirtschaftlich ein fester und nicht wegzudenkender Teil von Irland.

---

[34] Hoffmann, Marc A.: Whisky aus der ganzen Welt. Parragon Books Ltd. Bath. 2007 S.184-190
[35] https://www.whisky.de/whisky/wissen/informatives/geschichte/irish-history0.html, 14.08.2017, 13:00 Uhr

# Literaturverzeichnis

## Monographien

**Cantini, Patricia**: Whiskey. Vom gälischen Lebenswasser, das die Welt eroberte. München. 1996

**Hartel, Klaus Dieter**: Das Taschenbuch vom Whisky. München. 1972

**Hoffmann, Marc A.**: Whisky aus der ganzen Welt. Parragon Books Ltd. Bath. 2007

## Online-Artikel

**Barry, Aoife**: Whiskey's going to be bringing a lot of dosh to Ireland over the next 10 years. Thejournal.ie. auf: http://www.thejournal.ie/whiskey-sector-investment-ireland-1405946-Apr2014/, 15.08.2017, um 15:33 Uhr

https://www.irishcentral.com/culture/food-drink/sales-of-irish-whiskey-in-north-america-up-175-percent, 15.08.2017 um 14:11 Uhr

## weitere Internetquellen

http://www.abfi.ie/Sectors/ABFI/ABFI.nsf/vPagesWhiskey/Media~Newsroom~ireland-aims-to-become-the-world-leader-in-whiskey-tourism-by-2030!OpenDocument, 14.08.2017, um 12:25 Uhr

http://www.abfi.ie/Sectors/ABFI/ABFI.nsf/vPagesWhiskey/Media~Newsroom~almost-200-bottles-of-irish-whiskey-sold-every-minute-as-sales-around-the-world-skyrocket!OpenDocument, 14.08.2017, um 12:25 Uhr

https://www.irishcentral.com/culture/food-drink/sales-of-irish-whiskey-in-north-america-up-175-percent, 15.08.2017 um 14:11 Uhr

https://www.masterofmalt.com/blog/post/irish-whiskey-everything-you-need-to-know-part-1.aspx, 10.08.2017 um 22:44 Uhr

Irish-net.de/Die-irische-Kueche-Essen-Trinken/irish-Whiskey, 10.08. 2017 um 23:08 Uhr

https://www.whisky.de/whisky/wissen/informatives/geschichte/irish-history0.html, 14.08.2017, 13:00 Uhr

www.esquire.com/food-drink/drinks/a26643/irish-whiskey-0114/, 12.08.2017 um 13:01 Uhr

http://www.angelfire.com/bc/barbara/irland.html, 08.08.2017 um 12:14

# BEI GRIN MACHT SICH IHR WISSEN BEZAHLT

- Wir veröffentlichen Ihre Hausarbeit, Bachelor- und Masterarbeit

- Ihr eigenes eBook und Buch - weltweit in allen wichtigen Shops

- Verdienen Sie an jedem Verkauf

Jetzt bei www.GRIN.com hochladen und kostenlos publizieren